Gente que hay que conocer

Rosa Parks

Jonatha A. Brown

Consultora de lectura: Susan Nations, M.Ed., autora/tutora de alfabetización/consultora

WR WEEKLY READER
EARLY LEARNING LIBRARY

Please visit our web site at: www.garethstevens.com
For a free color catalog describing Weekly Reader® Early Learning Library's list
of high-quality books, call 1-877-445-5824 (USA) or 1-800-387-3178 (Canada).
Weekly Reader® Early Learning Library's fax: (414) 336-0164.

Library of Congress Cataloging-in-Publication Data available upon request from publisher.
Fax (414) 336-0157 for the attention of the Publishing Records Department.

ISBN 0-8368-4762-8 (lib. bdg.)
ISBN 0-8368-4769-5 (softcover)

Updated and reprinted in 2006
This edition first published in 2006 by
Weekly Reader® Early Learning Library
A Member of the WRC Media Family of Companies
330 West Olive Street, Suite 100
Milwaukee, WI 53212 USA

Copyright © 2006 by Weekly Reader® Early Learning Library

Based on *Rosa Parks* (Trailblazers of the Modern World series) by Marc Tyler Nobleman
Editor: JoAnn Early Macken
Designer: Scott M. Krall
Picture researcher: Diane Laska-Swanke
Translators: Tatiana Acosta and Guillermo Gutiérrez

Photo credits: Cover, title, © Don Cravens/Time & Life Pictures/Getty Images; pp. 4, 6, 8,
11, 13, 15, 17, 18, 19, 21 © AP/Wide World Photos; p. 10 © MPI/Getty Images

Printed in the United States of America

2 3 4 5 6 7 8 9 10 09 08 07 06

Contenido

Las palabras del Glosario van en **negrita** la primera vez que aparecen en el texto.

Capítulo 1: La niña negra

Rosa Louise McCauley nació el 4 de febrero de 1913 en Tuskegee, Alabama. Su madre era maestra, y su padre carpintero. Cuando Rosa era un bebé, su familia iba de un pueblo a otro. Más adelante, la familia se mudó con los abuelos de Rosa, que vivían en Pine Level, Alabama.

Cuando Rosa era niña, muchos afroamericanos trabajaban en el campo como cuando eran esclavos.

El padre de Rosa no quería quedarse en Pine Level y se marchó para siempre cuando la pequeña tenía dos años. Por suerte, Rosa aún tenía a su madre. También tenía a sus abuelos, y a un hermano menor, Sylvester, con quien estaba muy unida.

Rosa y su familia eran afroamericanos. Su piel era oscura, y los abuelos de Rosa habían sido esclavos. En la época en que fueron esclavos, los abuelos de Rosa debían obedecer a sus dueños de raza blanca; no recibían dinero por el trabajo que hacían y no tenían libertad para tomar sus decisiones. Pero ahora eran libres y poseían su propia granja. Allí tenían árboles frutales y de frutos secos. También tenían vacas y pollos.

Separados

Aunque los afroamericanos ya no eran esclavos, los blancos seguían teniendo el control. Tenían más dinero, dirigían el gobierno y hacían las leyes. En los

estados del Sur, como Alabama, los blancos habían creado leyes para mantener a las personas de raza negra "en su lugar". Los negros no podían sentarse junto a los blancos en los autobuses, ni usar los mismos baños públicos. Los niños negros no podían jugar en los parques "de blancos". Los blancos tenían las mejores zonas. Los negros tenían sólo lo que los blancos no querían.

Obtener una educación

En el pueblo de Rosa había una buena escuela nueva para niños blancos. Pero Rosa no podía asistir a esa escuela porque su piel era oscura. Rosa tenía que ir a una escuela de sólo un aula, calentada por una vieja

En el Sur, los negros y los blancos no usaban los mismos espacios públicos.

estufa. Muchos niños de raza negra fueron a escuelas como la de Rosa. En algunas ni siquiera había pupitres.

La escuela de Rosa quedaba a ocho millas de su casa. Pero Rosa no podía tomar un autobús para ir a la escuela; tenía que caminar. Todos los días, de camino a su escuela, Rosa pasaba por la bonita escuela de los niños blancos.

Rosa era una niña tímida y menuda, pero sabía defenderse. Alguna que otra vez, se había enfrentado a chicos blancos que se habían burlado de ella o de su hermano. En aquella época, pocos chicos negros se atrevían a hacer algo así. Sabían que esto podía traerles problemas.

Rosa tenía un gran sentido de la justicia. Sabía que no era justo que se metieran con ella por el color de su piel. A los once años, Rosa terminó el sexto grado. Ése era el último curso de su escuela. La mayoría de los chicos negros del pueblo se ponían entonces a trabajar.

7

Algunos trabajaban en granjas o limpiando las casas de personas blancas. Pero la madre de Rosa quería otro futuro para su hija y la mandó a una escuela en Montgomery, una ciudad que estaba a unas treinta millas.

En la década de 1880, Booker T. Washington fundó una escuela para afroamericanos. Sabía que la educación era muy importante.

Rosa estudió unos cuantos años más. Luego su abuela enfermó, y Rosa volvió a casa para ayudar a cuidarla. Tras la muerte de su abuela, Rosa no volvió a estudiar, sino que consiguió un empleo.

Capítulo 2: La mujer casada

Rosa McCauley conoció a Raymond Parks cuando aún era una adolescente. Raymond trabajaba como barbero en Montgomery. La mayoría de la gente le decía sólo Parks. A Parks le gustó Rosa en cuanto la vio. Cuando Rosa se mudó de nuevo a Pine Level, fue a visitarla.

Parks no estaba de acuerdo con la segregación y le molestaba que hubiera leyes que mantuvieran separados a blancos y a negros. Parks quería que estas leyes cambiaran. Rosa compartía muchas de sus ideas.

Rosa y Parks se enamoraron y, en 1932, se casaron. Se instalaron en Montgomery. Durante el primer año, mientras Parks trabajaba, Rosa iba a la escuela. Cuando terminó la escuela secundaria, Rosa también se puso a trabajar cosiendo ropa. Rosa se hizo costurera.

En busca de su misión

Pasaron los años, y Rosa y Parks eran felices. Sin embargo, Rosa se sentía cada vez más agraviada por las leyes que perjudicaban a las personas de raza negra. En 1943, Rosa dio un paso importante: se hizo miembro de la *Asociación Nacional para el Progreso de*

La NAACP realizó marchas y defendió los derechos de los afroamericanos.

la Gente de Color, o NAACP. Este grupo lucha por un trato justo a los afroamericanos. Parks había sido miembro de esta asociación durante mucho tiempo. Ahora trabajaría con su esposa para cambiar las cosas.

Rosa trabajó mucho. Escribió cartas y tomó apuntes en reuniones para que quedara constancia del trabajo de la NAACP. También ayudó a chicos y chicas de color a registrarse para votar. Más adelante, Rosa trabajó con niños negros y les enseñó a defender sus derechos sin pelearse. Pelearse, Rosa les decía, sólo les traería más problemas.

Aun después de hacerse mayor, a Rosa le seguía gustando trabajar con niños.

Capítulo 3: La infractora

En 1955, Rosa aún trabajaba como costurera. Cada día, Rosa tomaba el autobús para ir a su trabajo y volver. Tomar el autobús no le resultaba agradable. De hecho, no era algo agradable para ninguna persona negra en Montgomery. Para empezar, los conductores eran blancos y muchos eran groseros con los negros. Los conductores no permitían que las personas de color se sentaran en la parte delantera del autobús; tenían que hacerlo atrás. Además, si una persona blanca quería un puesto, los pasajeros negros tenían que cederle la fila de asientos entera. Así, el pasajero blanco no tendría que sentarse junto a un negro.

Rosa se planta

El 1 de diciembre de ese año, Rosa tomó el autobús de vuelta a casa. El autobús estaba abarrotado, pero Rosa encontró un puesto en una fila donde había

13

Este letrero, en honor a Rosa, conmemora el boicot a los autobuses de Montgomery.

ROSA PARKS
MONTGOMERY BUS BOYCOTT

At the bus stop on this site on December 1, 1955, Mrs. Rosa Parks refused to give up her seat to whites. The Boycott began about her arrest. This Boycott, as a protest they brought and of Parks' unequal treatment the day for Refusing to ride U.S. conviction. American bus line. Boycott until the public ber 5. - the integration of the African on maintained later. Dr. Martin of the received they Court one year. the beginning buses. Court one year. the modern transportation the Boycott Movement side) suprema led Rights on other supreme led Civil (Continued King. Jr. Civil modern otros negros y se sentó.

En una parada posterior se subieron unas personas blancas. Todas, menos una, consiguieron asiento. Un pasajero blanco se había quedado de pie. El conductor se acercó a la fila de Rosa y le ordenó a la gente de color que se levantara. Pretendía que los negros viajaran parados en la parte de atrás, mientras que el hombre blanco lo hacía sentado solo en la fila.

Tres de los cuatro pasajeros negros obedecieron al conductor; se levantaron y se fueron a la parte trasera. Pero Rosa no lo hizo. Se rodó de asiento para que el

Siempre en la lucha

Rosa se negaba a usar los bebederos que eran sólo para negros. Prefería tener sed a ser tratada injustamente.

2

pasajero blanco se sentara, pero no le dejó toda la fila.

El conductor le dijo a Rosa que se levantara. Rosa contestó que no lo haría. Entonces, el conductor llamó

Cuando Rosa se negó a ceder su asiento en el autobús, este oficial de policía le tomó las huellas dactilares y la encarceló.

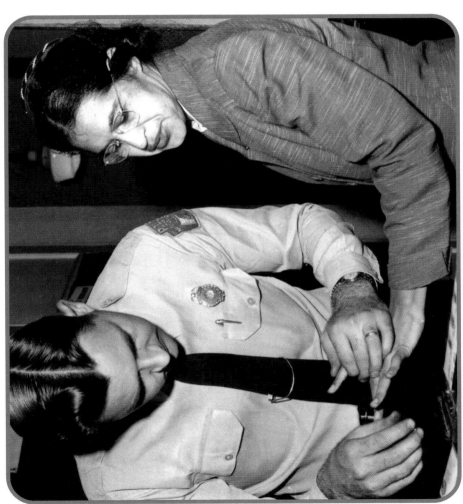

a la policía. La policía se presentó y arrestó a Rosa.

Se la llevaron a la cárcel.

Capítulo 4: Una mujer valiente

Los líderes de la NAACP se enteraron del arresto de Rosa ese mismo día y pagaron la fianza para que saliera de la cárcel. Luego, conversaron sobre lo que harían a continuación. Le pidieron a Rosa que presentara una acusación en los tribunales. Querían poner la ley a prueba y ver si lograban cambiarla. Como Rosa, creían que la segregación era un abuso y estaban cansados de ser tratados injustamente. Deseaban tener los mismos derechos que los blancos y que la ley los respaldara. Rosa aceptó. Se enfrentaría a la ley en la corte de justicia.

Empieza el boicot

A los líderes se les ocurrió también otra idea. Pidieron a todas las personas negras de la ciudad que no usaran los autobuses. Los animaron a que boicotearan a los autobuses hasta que la ley les concediera los mismos derechos que a los pasajeros blancos. Al día siguiente,

Rosa y su abogado fueron a juicio para conseguir un trato justo ante la ley.

los autobuses iban casi vacíos. Las personas negras caminaron a la escuela y al trabajo, se llevaron unos a otros en sus autos, tomaron taxis. Aunque les costaba desplazarse, no se subieron a los autobuses.

Pasaron los meses, y en todo el país se conoció la historia de Rosa y su caso. La gente sabía que Rosa estaba luchando por los derechos de todos los

Martin Luther King Jr.

Martin Luther King Jr. fue uno de los líderes del boicot de autobuses. Era un gran orador. Cuando hablaba en público, la gente lo escuchaba. Martin Luther King Jr. se hizo muy famoso. Él ayudó a cambiar las leyes que eran injustas con los ciudadanos negros.

estadounidenses de color. También se enteraron del boicot. Finalmente, después de más de un año, el Tribunal Supremo decidió el caso. El tribunal dijo que la ley era injusta. A partir de ese momento, los pasajeros negros tendrían que recibir el mismo trato que los blancos. ¡Rosa y sus amigos habían ganado!

Las personas negras de Montgomery volvieron a subirse en los autobuses. El primer día, Rosa se sentó frente a un hombre blanco. Esta vez

Durante el boicot, los autobuses iban casi vacíos.

no estaba infringiendo la ley. Los negros podían sentarse en cualquier asiento disponible. Podían quedarse sentados aunque pasajeros blancos tuvieran que ir de pie. No tenían que irse a la parte trasera del autobús.

Los afroamericanos comenzaron entonces a combatir otras leyes injustas. Muchos blancos que querían el mismo trato para todos los apoyaron. Al final, las leyes se cambiaron. Hoy en día, nuestra ley protege a las personas sin importar el color de su piel.

Estos grandes cambios empezaron con muy poco. Comenzaron cuando Rosa defendió sus derechos en un autobús de la ciudad. Aún hoy, la gente celebra el acto de valentía de Rosa.

Rosa Parks murió el 24 de octubre de 2005 a la edad de noventa y dos años. Ella vio muchos cambios en su vida y ayudó a que sucedieran algunos de ellos. Ayudó a hacer de los Estados Unidos un lugar mejor.

Hoy en día, este viejo autobús se encuentra en un museo. Una estatua de Parks ocupa uno de los asientos delanteros.
Rosa Parks murió el 24 de octubre de 2005.

Glosario

boicot — situación en que la gente se niega a usar una tienda o un servicio como protesta

carpintero — persona que hace cosas con madera

costurera — mujer que cose ropa

fianza — dinero que se paga en la corte para que alguien salga de la cárcel antes de un juicio

registrar — inscribir

segregado — separado por el color de la piel

Más información

Libros

A Picture Book of Rosa Parks. Picture Book Biography (series). David A. Adler (Holiday House)

Rosa Parks. Crowell Biographies (series). Eloise Greenfield (HarperCollins)

Rosa Parks. First Biographies (series). Gini Holland, David Price (Steck-Vaughn)

Young Rosa Parks: A Civil Rights Heroine. Troll First-Start Biography (series). Anne Benjamin (Troll Communications)

Páginas Web

Citas de Rosa Parks

womenshistory.about.com/od/quotes/a/rosa_parks.htm
Lee las palabras de Rosa sobre la lucha por la igualdad de derechos

La historia de Rosa Parks

www.nncc.org/Curriculum/rosa.parks.html
Conoce más datos del día en que Rosa fue arrestada por no ceder su asiento en el autobús

índice

Información sobre la autora

Jonatha A. Brown ha escrito varios libros para niños. Vive en
Phoenix, Arizona, con su esposo y dos perros. Si alguna vez te
pasas por allí y ella no está trabajando en algún libro, lo más
probable es que haya salido a cabalgar o a ver a uno de sus
caballos. Es posible que esté fuera un buen rato, así que lo
mejor es que regreses más tarde.